Miriam Stephanie Reese

Engelsgift

Titelcovergestaltung: Miriam Stephanie Reese
Layout: Daniel Reese

Druck: Books on Demand, Norderstedt

ISBN 978-3-943002-02-7

Miriam Stephanie Reese

Engelsgift

Gedichte

Endlich, nach einer gefühlten Ewigkeit, schließe ich mit diesem Vorwort die Arbeit an der Neuerscheinung von „Engelsgift" ab.
So schließt sich auch der Kreis ...

Erstmals erschien dieser Gedichtband 2006, machte die Runde und von sich hören und sehen.
Danke an die Leser, die mir damals ihre Augen und Ohren liehen und jene, die dies nun tun!

Einem Buch wird kein Leben durch leere Seiten eingehaucht.
So liegt es auf der Hand, dass auch diese hier nicht frei von gedruckten Buchstaben bleiben kann.
Sie benötigt mein Blut – wie ein Vampir.
Sie benötigt mein Herz – wie ein Werwolf.
Sie benötigt mein Hirn - wie ein Zombie.
Sie benötigt meine Seele – die ich diesem Band und dem Schauermärchen Verlag für die Publikation verschrieben habe.
Sie braucht meine Worte, die auf ihr stehen!

Um niemanden zu Tode zu langweilen, mich selbst nicht auszuzehren, mir den Kopf zu zermartern oder noch den Verstand zu verlieren, nehme ich mir raus mich mit meinem weiteren Dank kurzzufassen -
er gilt:

Myrtian,
Chrysanth,
Jacint &
Iszther

Schall

Meiner Träne

Ich leckte den salzigen Geschmack meiner Tränen,
weil die blutigen mich küssenden Lippen sich süß entzogen.

Ich kostete den bitteren Geschmack deiner Tränen,
weil die feuchten mich anblickenden Augen süß starben.

Ich probierte den herben Geschmack unserer Tränen,
weil keiner uns verstehen wollte.

Ich erlag dem Rausch der feuchten Schreie.

Die Kerze

Ein Lichtlein klein und hell
schimmert sein Tanzen schnell
geschwind der schwarze Docht sich wiegt
ach, wenn er doch könnte
zu singen sein Lied -
friedlich klanglos brennt der Wachs nieder
möchte sterben, fallen wieder

Der Gedanke ist unerträglich geworden heut
doch was kann es sagen, das Licht
was ich tue, wird sein unbereut -
knie nieder, reiß die Kerz vom Tisch
klein und hell
und erlisch

Hilfe

Es war einmal ein Harlekin,
welcher auf der Suche nach Liebe nicht fand.
Er irrte durch die Neuzeit,
wo war sein erträumtes Land?
Alles, was bestand, war keine Heiterkeit,
dafür wurde er durch Tränen seiner weißen Farbe befreit.
Die Schellen der Narrenkappe waren klanglos geworden,
wie lange noch bis hin zum verzweifelten Morden?

Hilfeschreie wie der Wind durchfuhren,
Pferdekutschen durch Ortschaften ruhen.
Furcht durchquert die Menschenreihen,
doch davon bleibt es das Schreien:
Hilfe!

Im Garten erscheint eine Gestalt

Im Garten erscheint eine Gestalt,
ich spüre, sie zu lieben,
ohne Rast, Ruh, ohne Halt - Schuh

Barfuß
springen wir in den Brunnen,
ich spüre, sie zu lieben,
mit Last, Lust, mit Halt - Hunnen

Kämpfen
die Schlacht in uns,
ich spüre, sie zu lieben,
über Hast, Macht, über uns

Uns, uns
wird es niemals geben ...
alles wird ein Märchen sein -

Im Garten erscheint eine Gestalt.

Schwarzer Flieger

Die Sonne wird nicht wieder scheinen,
und auch der Mond hat aufgehört, mir ein Schlaflied zu singen.
Die Vögel zwitschern nicht mehr,
dafür ruft der schwarze Flieger.

Auf dem Feld weht keine Ähre im Wind,
und nicht, weil keine Böe aufkommt.
Keine Wolke zieht am Himmel ihre Bahn,
dafür aber der schwarze Flieger.

Den Rest der Welt kümmert's nicht,
ist es doch nur ein unbekannter Mensch.
Mich reißt es und bricht mich,
dafür lacht der schwarze Flieger.

Ich habe Angst vor dem Rabentier,
mir ist es, als bringe es den Tod,
und lässt mich zurück
in all meiner Not.

Möwe im Wind

Tränen ändern nichts,
fließen fort in Trauer.

Eine Welle bin ich nun,
mein Liebster, mein Ozean,
halte mich.

Zusammen sind wir Wasser,
zusammen sind wir stark,
wüten und beruhigen uns,
verzweifeln in der Welt.

Keiner, der uns trennen kann,
nur die Möwe im Wind.

Alles Nahe fern gerückt ...in Büchern ...

Alles Nahe fern gerückt ...
zurückgezogen.
Ruhe in Einsamkeit.

Warum so viel nachdenken?
Weniger, weniger und es öffnet sich,
wird fröhlicher, etwas oberflächlicher,
nicht mehr absonderbar -
aber nicht mehr das!

Also keinen weiteren Gedanken wert,
zu kostbar jedes Papier.

Aber manchmal ist es ganz schön, nicht man selbst zu sein.
Rokoko-Schminke im Gesicht und am Leib ein Rüschenhemd.
Darunter ist es nicht schwer,
ganz leicht die Maske abzunehmen -
und zu zeigen, wer man ist, ohne man selbst zu sein.

Ein Moment nur Geist ohne Körper.
Ein schwarz-weißer Harlekin auf einer Bühne ...

Deiner Liebe krank

Mein Blut lief, du blutetest für mich
Mein Leid trieft, du leidetest für mich
Mein Leben schlief, du hast mich wach gemacht
Und als ich hasste, hast du mit gehasst
Wenn ich liebte, liebte ich nur dich
Und als du starbst, starb ich mit dir

Du hältst mich nicht mehr fest
Und ob du für mich leidest, weiß ich nicht
Es ist dunkel geworden
Und ich blute allein
Die Schreie sind für Gedanken gegangen
Und gestorben bin ich nicht

Ich habe furchtbare Angst
Dass mir jemand dich weiter weg nehmen kann
Dich aus meinem Kopf verbannt
Und mein Körper dann seine Seele verliert
Und kann nicht sterben
Und lebe weiter -
Halbiert

Alle diese, meine Leben
Will ich nur dir geben
Und viele, endlose mehr
Durch unzählbare Zeiten
Wenn du mich bloß lässt

Blass möge mein Gesicht sein
Und schwarz die Kleidung an mir
Nimm mich mit zu dir
In die Welt der Nacht

Verwilderte Pfade

Verwilderte Pfade,
ich habe meinen Weg gefunden,
lange hat es gedauert,
Jahre, Tränenbäche weit.

Wacklig auf den Beinen
laufe ich den ersten Schritt -
ich will zurück.

Mein Leben habe ich gesucht,
war abgekommen vom Weg,
nun tun die Füße weh -
ich gehe den zweiten Schritt,
und will immer noch zurück.

Der Weg ist das Ziel,
das Ziel ist fern.
Ich trete vor,
vor meinen Herrn.

Geisterstunde

Der eisige Wind
durchschneidet heiße Haut.
Im Schoß das tote Kind,
im Arm die lebendige Braut.

Bei Nacht
weht ein Blatt im Baum.
Trostlos lacht
ein weinender Traum.

Eingeschlafen in Dunkelheit
ist machtlose Ruhe.
Den Schlüssel befreit,
wo ist die Öffnung der Truhe?

In ihr verborgen
fließt das Blut.
Auf der Suche nach morgen
dämmert schon die frühe Glut.

Zu spät.

Ein Traum

Ich träumte Gedanken -
Reichtum, Wissenschaft, Schönheit, Macht,
davon war einer eine Träne deiner Liebe.

Geweint von mir verlor ich dich,
nun bleibt nur dieser Traum -
ich wünschte mir du liebtest mich.

Titanic

Die Titanic versank in meinen Tränen,
Eiswasser durchflutet mich,
ertränkt den Kummer jedoch nicht,
mein Herz auf Kälte geruht,
erfriert die Seele nicht,
ertrunken, erfroren,
ich liebe dich!

Wir wollten fliegen

Ein Vogel sang auf meiner Schulter.
In einem Käfig saß mein Geist.
Die Erzählung von Freiheit wurde laut.
Verstummt waren alle Lieder.

Eine Feder fiel zu Boden.
Sie zersprang wie Glas auf Eis.
Würde sich ein Klang erwärmen?
Fielen unsere Gedanken ab?

Wir wollten fliegen,
fröhlich sein und unbefangen -
der Vogel hielt mich fest.

Treue

Ordinär, verschlingend, fordernd
Schön, faszinierend, verführerisch
Gierig, lustvoll, für eine Nacht
Mit dir allein habe ich mein Leben verbracht

Gespielt, betrogen, verloren
Verletzt, weh getan
Aus Emotionen geschehen
So etwas wirst du niemals sehen

Dir gebe ich mein Leben
Dir schenke ich meine Liebe
Dir gehöre ich
Solange ich das will

Ewigkeit dauert an

Lebenswille im Phönixtraum

Ein Funken brennt in verkohlter Asche.
Es lodert das Feuer.
Es verglimmt langsam die Flamme.
Doch ist sie innerlich heiß.
Was außen grau und tot,
glüht drinnen als Liebe weiter,
bis der Wind das Licht trägt von dann,
irgendwann ein neues Leben begann.

Für mich

Irgendwann hat´s dich gegeben
Irgendwann bist du gegangen
Und nicht wieder zurückgekehrt

Irgendwie hat´s weh getan
Irgendwie ging es nie vorbei
Und ewig nicht hört es auf

Irgendwo hat´s dich gegeben
Und gibt dich immer noch
Für mich

Der Glanz deiner Augen

Die bewegten Lichter auf der Straße
treiben dahin.

Von oben
ist die Welt ganz klein.

Zerschmettert am Boden
erscheint sie riesengroß.

Wie mag es unter der Erde sein,
bin ich dann ein Sternenschein?

Der Glanz in deinen Augen!?

Folgender Morgen

Die Zukunft liegt im Tag darauf
Morgen begleite ich dich auf deinem letzten Weg
Und kann dir doch nicht folgen

Ich sehne mich nach Ruhe
Morgen folgt das stille Gedenken
Dahinter verbirgt sich die Einsamkeit

Ein Schatten hüllt mich ein
Auf jede Nacht folgt ein Morgen
Doch gibt es kein Erwachen mehr

Nebel

Ich breite meine Seele aus

Ich breite meine Seele aus
und spannte weit ihre Flügel auf,
flog durch die tiefen Abgründe
und landete auf Zünglein.
Sie sprachen zu mir aus Engelsgestalt:
schließe die Augen und halt dich bereit,
weit ist das Leben, nah ist der Tod
scheint verlegen, im Grunde gelohnt,
denn nur die Liebe fühlen
kann der, der einmal wohnt,
auf Wolken schwebend im Himmel verschont.
Drum sei ein Engel;
bereite Menschensein auf Sprünge
die tragen werden den Heiligenschein,
dann dämpfe ihre Stimme,
nur die ihres Herzens wird sein.

Ich wachte auf,
der Traum,
er blieb.
Mein Schutzengel auch,
und dessen lieb´
zu mir.

Tapfer

Der Schatten fiel von der Seele ab
und bloß, ja nackt, zeigt sich die Schönheit.
Es sind keine Flecken, nur Wunden,
die dort zu lesen stünden.

Berührten meine Seele,
zerrissen mir mein Herz,
riefen meine Erinnerung -
tapfer ertrug ich den Schmerz.

Im Kampf erlegen von der Tränenflut,
weine nicht und drücke mir schweigend die Hand,
es ist mein Schmerz,
der in dir verschwand.

Tasten meine Angst,
zerschnitten mir mein Herz,
schrien nach Verstand -
tapfer ertrug ich den Schmerz.

Rot

Tränen siedenden Öls
laufen entlang meiner Wangen,
hinterlassen Spuren der verbrennenden Haut,
deren Feuer nicht endet zu lodern.

Die blutrote Spur
entstellt und verschönert das Gesicht,
denn derer zeugt von Liebe -
einer teuflischen Macht und sündigen Gier.

Nichts als Menschen

Sie sind und waren für sich selbst,
was wird, passiert, und weiter geht -
nichts als Menschen.
Es ist wie ein blinder Traum,
das Visier, ohne Vision.

Bittersüß beseelt,
darf nie ein strahlend Lächeln geben,
darf immer ein strahlend Lächeln nehmen,
doch selbst erstrahlen kann es, schafft es, mag es,
oder doch kann es, schafft es, mag es nicht.

Auch gepaart, und wie gepaart,
wären sie für sich selbst - ein Mensch,
und ohne Halt, ja ohne Halt,
gefallen in den Abgrund der Seelen.

Der Lebenslauf

Das Leben geht an mir vorbei.
Es hat versäumt mich zu grüßen.
In Samt und Seide geht es vorbei.
Und läuft weiter ohne mich zu beachten.
In Samt und Seide laufe ich ihm hinterher.
Doch einholen werde ich es nie mehr.

Seelentod

Wer war schuld?
Wen kann ich zur Verantwortung ziehen?
Anklagen?
Wer verdient die Strafe?

Es war alles und jeder -
und ich möchte mich an allem und jedem rächen;
aber es wird keine Sühne geben,
weil es keine Tat gibt.

Er ist tot.
Das gleiche Gericht stelle ich auch für meine Seele.

Böse Tief Unten

Wie dreckig bist du in all der Perversion?
Hast dich nach unten tief begraben,
um hoch zu kommen im leidenschaftlichen Hohn
und doch ins Dunkel zu streben.

Bist ausgeliefert im Trieb ins Böse hinein,
kannst dich selbst deiner Ketten nicht lösen.
Die Gier lässt auch nicht zu dein Schreien,
alles was kommt ist ein inneres Tosen.

Ich mach mich nicht schmutzig,
in Begehr´ um dich zu befreien.

Dorn der Rose

Der Tod ist Dorn der Rose -
ist er rausgezogen
blutet die Wunde der Erinnerung
und verheilt zu Vergessen.

Feuerroter Saft

Das Begehrte ist verloren
in Hingabe des Verlangens -
meine Verzweiflung ist der Schrei der Wellen.

Der Anker des Schiffswracks herabgelassen,
in ein Wasser aus meinem Blut.
Runter gezogen in einen Strudel,
greifen Arme des "Nimmermeer".
Fassen an den Durst in mir,
stillen meine Sucht.
Am Ufer liege ich benommen,
tot ist meine Liebe.

Feuerroter Saft.

Mohn

Auf dem welken Feld hat einst der Mohn gestanden,
erblüht in voller Pracht das Blumenkleid -
aus dem Glück wurde Leid.

Auf dem welken Feld hat einst der Mohn gestanden,
starb in rotem Gewand -
aus dem Traum wurde Verstand.

Auf dem welken Feld hat einst der Mohn gestanden -
ich habe ihn geliebt.

Unwetter

Der Regen floss aus meinen Augen.
Du warst Donner, Blitz
und nun die Sturmwolke -
lass mich weinen,
erinnerst du dich?
Keinen!

Mit jeder Träne tropft Vergessen,
in die Lache, aus dem Blut
und das Gewitter schreit:
lass mich stumm,
sonst war die Frage nie warum!

Keine Antwort ist die Lösung.
Meine Augen sind das Wetterleuchten
Und es ist Dunkelheit -
Wut erhellt die Nacht,
Unwetter hat die Liebe umgebracht ...

Erschrocken

Ein wisperndes Flüstern im Schatten.
Worte rauschen durch ein Rascheln.
Träume ziehen durch die Nacht.
Der Tag war lautlos verstummt.
Die Sprache war unverstanden.
Ihre Melodie klang schön.
Traurig hallte die Ruhe davon.
Lief in Angst weg von hier.
Was hatte sie erschreckt?

Dünnes Eis

Der Frost kam im Sommer über die Gräber,
in der Kälte lag der Tod.
Gefrorener Tau aus Tränen ließ die weißen Rosen welken.
Eisig ging die Zeit dahin,
und nahm mich in die Nacht mit fort.

Am nächsten Tag fanden sie meine Leiche auf der Erde,

der Boden war noch warm.

Wege

Laut schlägt der Schritt auf dem Asphalt auf.
Leise ruft ein Kind deinen Namen.
An der Mauer hallt der Tritt.
Er weiß, es gibt kein zurück.

Vorwärts getrieben von lusterfüllter Pein.
Die Gedanken trauern dem Opfer nach.
Kein Mitleid regt den Glauben an.
Könnte er bloß leiden.

Keine Träne tropft auf die Straße.
Auch ist es kein Regen, der sie benässt.
Blut rinnt vor seinen Füßen zu Boden.
Die Mundwinkel sind noch feucht.

Libera me

Der Gedanke von Reichtum zerfraß mir das Herz.
Armut meiner Seele.
Luxus, der nur den Geist benebelt.
Klare Tränen im dunklen Rausch.
Unbereut die Träume verkauft.
Als Zahlungsmittel mich verwandt.
Und immer nur zur Schönheit bekannt.
Der Preis ist hoch.
Der Fall ist tief.
Wo ist die Hilfe, die ich rief?

Glaubst du

Glaubst du,
du kannst mich retten vor der Nacht?
Glaubst du,
du kannst den Himmel erleuchten?
Glaubst du,
ich könnt´ ein Engel sein?
Ich glaube nein!

Namenlos

Feuchter Tau im nassen Gras.
Gedanken bei den Engeln.
Der Glaube ist bei mir.
Leg dich ruhig hin.
Und träume still vom Jetzt im Nu.
Gleich ist es vorbei.
Nimmer hört dein Schweigen auf.
Immer der Schrei in meinem Ohr.
Er verhieß dir den Tod.
Rufe meinen Namen!

Ein neuer Tag

Im Tränenschwall der Nacht geboren,
gestorben im Untergang des Wasserfalls.
Morgengrauen dämmert schon,
derzeit das Licht den Mantel öffnet,
und dabei meine Seele sich verschließt.

Der Frühtau benetzt die Blumen,
welke Rosen im Garten stehen ungerührt.
Der erste Sonnenschein trifft den Dorn.
Meine Augen schließen sich -
Und freundlich lächelt ein neuer Tag.

Unbeirrt in meinen Sarg.

Hier

Kennst du den Weg zur Ewigkeit?
Er führt zurück zur Vergangenheit ...
Hörst du den Schatten der Zukunft?
Er verläuft in der Vernunft ...
Dort folge ich meiner Liebe zu dir.
Ich möchte immer sein -
hier!

Weil es dich gibt

Ich kann nicht verstehen,
warum du erträgst,
was du nicht ertragen musst.

Ich kann nicht begreifen,
was dich hält,
wo du weglaufen könntest.

Ich kann nicht fassen,
wieso du zu mir hältst,
wo ich mich selbst nicht ertrage.

Ich kann nicht glauben,
dass es dich wirklich gibt ...

Tal

Undurchsichtige Maske

Ungebeten tritt es ein,
steht im Raum -
warum?

Die Schönheit zeigen,
doch mein Gesicht verbergen -
habe ich eins?

Das Schicksal trägt eine Maske,
es setzt sie selten ab -
warum?

Es hat gar traurige Grimassen,
schneidet ein -
warum?

Warum habe ich ein Schicksal?

Verwurzelt

Schließ die Augen zu
und küss mich -

auch Dornröschen ist erwacht

Noch haben die Stacheln
nur meine Haut zerkratzt

Öffne die Augen
und fass mich an -

auch Rosenknospen blühen

Schon haben die Dornen
bloß meine Seele zerrissen

Verwurzelt ist das Herz der Erde
Tränenwasser löscht den Lebensdurst der Sinne

Der Grashalm

Ausgesetzt der Sonne, die verbrennt,
ergeben dem Mond in kühler Nacht,
heiß und öde, leeres Feld.

Ausgezehrt von einer Windesbö,
zerrt die Stille im Hauch,
hin und her - Einsamkeit.

Bei dir sein,
dich spüren,
deinen Atem fühlen,
deine Haut berühren -
bei dir sein ...

Das nicht zu können,
nur zu träumen,
daran wird der Grashalm zerbrechen.

Zuhause - Daheim - ein anderer Ort

Tannenzapfen
Pinienduft
Ein Hauch bei Nacht
Ein Kauzenschrei
Eine Eule fliegt durch die Dunkelheit
Sie trifft die Fledermaus im Vollmondschein
Weisheit begegnet der Schwärze
Im Todeswissen liegt das Leben

Laternenlicht
Kopfsteinpflaster
Ein kühler Wind auf bronzener Haut
Das angewärmte Bett im Zimmer
Liebe lernt die Ewigkeit kennen
Morgen ist sie vorbei

Ein Blick aus erhelltem Raum
Finster begrüßt unendlich der Sternenschein
Draußen nun mein kleines Sein

Nimmer wer

Es herrscht ein anderer Ton im Nirgendwo.
Er klingt nach Unreife, Verständnislosigkeit.
Ein Kind trägt die Last von mehr Verantwortung.
Einzelne Wörter sind gesprochen.
Sätze sind versagt -
lieber biss ich mir die Zunge ab,
als einmal noch mit dir zu reden.
Es herrscht ein anderer Ton im Nimmer wer.

Vom Schweigen tiefer verletzt als durch jedes Wort,
dass gesprochen werden könnte.
Stille als Schlag in das Gesicht.
Unbeantwortete Fragen drängen sich im Raum.
Wo ist die Zeit dahin?
Erstickend sind die ungenannten Gedanken,
doch ist es zu spät sie heraus zu schreien!

Schnell Rasant Geschwindigkeit

Schnell
Rasant
Geschwindigkeit
Flott
Auf Trab
Bereit
Eiligst
Schleunig
Zügig
Los
Wünschen
Sehnen
Hoffen
Bangen
Ewigkeiten bin ich gefangen
Verzweifeln
Toben
Aus
Ich komme aus diesem Schicksal raus

Aufgebrachtes Meer

Das Blut tobt wie die Wellen im aufgebrachten Meer.
Der Körper treibt dahin wie im wütenden Meer.
Die Seele ertrinkt in den rasenden Wogen.
Dabei schwimme ich nicht einmal im Wasser -
sondern gehe unter auf Erden.

Abschied meiner Seele

Es war am Tag der Sehnsucht,
als getrocknete Tränen vom Vermissen erzählten.
Geschichten von verborgenen Reizen,
unterdrückte Gier, die in keinem Buch stand.
Niedergeschrieben in den Fluss,
zu Wasser in das Meer.
Salzige Spuren im Gesicht,
sie drängen hinter der Maske hervor,
mit deren Auflösung sich das Antlitz verflüchtigte -
Abschied meiner Seele.

Es geht nicht

Leeres Licht
Kalter Schein
Zynisch strahlt das Leben drein
Ironisch lächelt der Tod hinein
In meinem Gesicht glänzt das Sein
Klein
Fein
Und rein
Möchte in den Armen dein
Hören du bist immer mein
Dummes Menschlein -
Es kann nicht gehen

Fädenspiel

Wimmernd
Der Fingernagel zerschneidet das Spinnennetz
Zerreißt den Lebensraum
Aufgewacht aus dem Traum
Aufgestanden
Die Nebelelfe kommt frei
Tropft Tau auf den feuchten Laubboden
Und verliert sich gefächert im Nass
Friedlich ruht der Hass
Schläft
Der Hauch kalter Frische streift
Er verweilt im Wind
Wird fortgetragen wie auf Händen
Um Hoffnung zu senden
Stirbt

Schluss

Erst senkt es sich,
wird schwer und tief,
melancholisch, traurig -
ganz allein.

Dann hebt es sich,
wird leicht und hoch,
freudig, glücklich -
Einsamkeit.

Zum Schluss,
der Schluss -
zum Schluss bereit.

Eiseskälte

Eiseskälte,
weißer Schnee,
blaue Augen,
braunes Reh.
Dunkel scheint die Nacht,
Übertroffen von deinem klaren Licht,
welches ins Finstre sticht.
Gebrochene Seel´,
geheilt, kuriert,
weil es mich durch den Blick von dir nimmer friert.

Gespielte Emotionen

Spielzeug des eigenen Spielzeugs werden,
klare, erfüllte Leere.
Einsamkeit um des Alleinseins Willen,
kalte, glückliche Ebene.

Die Küsse einer Puppe sind süß,
bitter ist der Nachgeschmack,
bittersüß ein Leben ohne Gefühle.

Taktisch gewobene Fäden,
die tanzende Marionette gespielter Emotion.

Sonnenuntergang

Der Tag verging im Sonnenschein;
nun dämmert das Abendrot,
es bringt und kommt mit ihm der Tod.

Es war und ist in mir;
inmitten allem Frieden,
die dessen mieden.

Der Krieg ist nicht schwarz;
hell schlagen Granaten ein,
treffen in die Seelen rein.

Und alles,
weil der Teufel vermenschlicht
und der Mensch verteufelt wird.

Engelscharen singt!
Es folgt der Sonnenuntergang ...

Echo

Verlorene Unschuld

Der Schlüssel fiel in glasklares Wasser.
In ein Buch tropften meine Tränen.
Die Wahrheit lag ruhig im Spiegelbild meiner Augen.
Ich tauchte nach den Träumen der Kindheit.
Sie waren untergegangen in den Antworten des Lebens.
Verschlossen fragte keiner etwas von Tod.
Ich schrieb die Lügen auf Papier.
Schicksalsworte eines Erwachsenen standen hier.

Trennung

Der Tagtraum fiel ab in jener Nacht,
blinde Augen waren erwacht.

Nebel lag über Gedanken verhangen,
der Geist war eingesperrt, gefangen.

Ein stiller Ton hing in der Luft,
ein Klang der deinen Namen ruft.

Kälte dringt in mich herein,
war niemals jemals so allein ...

Satt

Ich habe es satt um alles was diese Liebe betrifft
kämpfen zu müssen,
bin oft genug in der Zeit
getroffen und verletzt worden,
und erliegen langsam nun ...

Carpe Noctem

Eine Lüge war deiner Wahrheit zu viel

Hast Worte gesagt die nicht gesprochen werden
Bist Wege gegangen die keiner betritt
Hast verraten einen Freund
Und sogar den Zeitpunkt versäumt

Alle Silben sind verstummt
Alle Pfade sind verweht
Alle Träume sind aufgewacht
Nur du hast sie verschlafen bei Nacht

Vorwärts

Zerbrochenes Glas der Zukunft.
Ich schneide mir die Füße an den Scherben auf,
denn es führt kein Weg zurück.

Immer da und fort

Die Anklagen werden lauter,
leiser jeder Schrei -
nimmst du meine Seele mit,
mein Herz begleitet dich;
damit ich leide mit dir am Tag
und glücklich bin bei Nacht.

Aus Angst wächst Kraft,
aus Furcht die Stärke ...

Holz

Die Baumwipfel flüsterten davon
Auf Blätter wurde es geschrieben
Die Vögel sangen davon
Die Feder in ein Tintenfass getaucht
Die Wurzeln lagen tief
Doch riss man aus mir das Leben
Aus Holz ist auch mein Sarg

Tränenwasser

Welch eine Liebe ist es sich von der Sehnsucht treiben zu lassen,
die Häfen zu erreichen die aus Träumen gebaut sind,
durch unerfüllte Seelenmeere zu gleiten,
und unterzugehen in Gedankenwogen?

Ich schwimme an der Oberfläche und tauche ab,
tief unten bist du ertrunken in meinem Herzen,
beim Auftauchen spüre ich nur noch mich -
zu neuem Leben getauft ...
Die Wellen des Glücks umarmen sich.

Anfang Ende Zukunft

Zwischen Ende und Zukunft liegt der Anfang.
Zwischen Anfang und Ende liegt die Zukunft.
Zwischen Zukunft und Anfang liegt das Ende.
Und wo stehe ich?

Vampirlicht

Du brachtest mich dazu zu schreien,
lauter als in der Nacht wo die Silberkugel mich traf.

Dein Blut so süß meinen Mund erfüllt,
als seien Träume Ewigkeiten.

Ein Stöhnen dringt aus meiner Kehle,
erwacht liegst du in meinem Arm.

Die Sonne geht rot am Himmel auf,
ich lebe bis in die Unendlichkeit -
weil du dich mit mir vereinst ...

Naiv

Hast du aus dem Fenster gesehen?
Wie viele ungeträumte Träume auf der Straße liegen ...

Bist du aus der Tür gegangen um erwachsen zu werden?
Oder lag dort draußen der Kindheitstraum ...

Du bist auf dem Weg dich selbst zu verraten!
Wie naiv ...

Der Ring - rotgold

Ein kleiner Gitterzaun,
das Tor knarrt beim Öffnen,
beim Aufstoßen rieselt Rost zu Boden,
Kupfer wie mein Haar.

Tannenzapfen und Laub liegen auf unebener Erde.
Die Bank im Schatten ist längst verrottet.
Der Sparten sticht -
in das gegrabene Loch fällt der Ring.
Stumm trauern die Steine mit mir.

Es ist nicht ...

Es ist nicht, dass du in der Nacht bei mir bist.
Es ist nicht, dass mich der Tag verlässt.
Es ist nicht, dass deine Gestalt dunkel ist.
Es ist nicht, dass meine Haut vor Blässe scheint -
leuchtend wie der Mond am Sternenhimmel.

Es ist nicht, dass du mich jede Nacht besuchst.
Es ist nicht, dass der Tag als Gast mich plagt.
Es ist nicht, dass du mir unheimlich bist.
Es ist nicht, dass ich mich fürchte -
vor mir selbst.

Es ist, dass ich dich liebe,
egal wer du auch bist.

Eingeatmet

Schwarzes Gold im silbernen Schein.
Der warme Glanz ist kalt geworden.
Ein letzter Schimmer in trüben Augen.

Aufgewacht und niedergelegt.
Zum ersten Mal im Tod erwacht.
Glückseligkeit war Pulver geworden -

Das Leben nun zu Staub.

Totendrang

Verleugnest du ...
Was darf ich denn?
Regentropfen - Engelstränen
Ein Kuss - kein Gefühl
Gemeinsam - Einsam
Lügst du ...
Das Machen nicht zu tun?

Seifenblasen

Seifenblasen geplatzt im Wind
Unschuld, Opfer des Wissens
Der Täter - reinste Wahrheit

Im Seelensturm davon geweht
Trümmerfeld des Wahnsinns
Ruinen meines Herzens

Die Seifenlauge steht vor mir

Morgen ist das Heute gestern

Morgen ist das Heute gestern.
Gestern war die Zukunft da.
Heute ist sie Vergangenheit.
Morgen bin ich für ein Leben bereit.

Wenn das Morgen nicht heute gestern wäre
und ich dem Tod ins Auge sähe -
blicken wir nach vorn ...

In deinen - Amen
.
Es ist der Tag an dem ich starb in deinen - Amen!
Es ist die Nacht in der du mich fallen ließt.

Viel Wasser floss den Fluss hinab,
viele Tränen stürzten wie ein Wasserfall herab.

Der Regenbogen facierte in schwarz,
der Phönix war verbrannt in Flammen,
die Asche verwehte der Wind.

Es ist die Zeit in der wir waren,
ein einziger Moment.

Motor

Einsamkeit raubt den Verstand -
wer möchte sich aus dem Leben stehlen,
um dem Wahnsinn zu entgehen?

Wer möchte scheiden,
um das Beste zu vermeiden?
Alleinsein beschenkt den Irrglauben.

Und Sehnsucht bleibt der Motor des Seins,
ohne den wir verkümmern würden,
wenn wir ohne ihn, seelenlos, stürben ...

Wanderschaft

Als jemand den Weg verlor,
kam keiner um ihn zu suchen,
und niemand fand den Pfad in hell erleuchteten Straßen;
mein Leben blieb in Dunkelheit liegen.

Jemand ging daran vorbei,
keiner blieb lange stehen,
und niemand nahm mich mit;
bis ich aufstand und davonlief.

Ich wurde wie die Sonne bei Nacht,
das Licht der Finsternis,
der Stern der Einsamkeit;
denn allein bewegte mich nichts zu dir.

Du kamst nicht zurück,
doch ich folgte dir,
verlor nie die Spur,
die mich in die Arme des Todes trieb.

Pans Melodie

Lass dir Klee schenken von einem Elf.
Trink Pans Blut,
sein Lied berauscht dich.
Klänge dringen durch dein Ohr,
hörst du wie sie flüstern?
In dir ist die Flötenmelodie,
sie singt davon:
ich bin hier!

Besessenheit

Der Held im Abenteuer,
der Funken in den Augen,
der Glanz am Himmelszelt,
das Blau am grauen Horizont -
warum hat das Schicksal dich nicht verschont?

Die Sonnenblume am Straßenrand,
die Rose im edlen Garten,
der Mohn auf dem Feld,
die Seerose im Teich -
hinter dem Wind liegt dein Reich!

Zur Liebe die Freiheit,
zur Leidenschaft die Unabhängigkeit,
zur Liebschaft die Unbeschwertheit -
zum Trübsinn mich ...

Auf den Feldern blühen die Toten

Auf den Feldern blühen die Toten

recken ihre Seelen aus der Erde
erstrecken sich wie eine Blumenherde

gehen auf im Abendschein
in der Nacht trägt der Wind ihr schreien

legen sich bei Morgentau schlafen
im Boden, einem Tränenhaufen

zuletzt verwelken sie nun
es hat mit dem Pflücken zu tun

wer hat sie nicht in eine Vase gestellt
die Rose auf dem Totenfeld?

Träne

Noten der Trauer

Regnet es?
Dann kann ich singen!

Mit der Stimme der Tränen
wird die Sonne niemals scheinen für dich.

Es ist in den Klängen,
dass ich warten werden.

Der nächste Schauer wird fließen.

Noten der Trauer.

Seerosen

Wer sah sie je, die schwarzen Seerosen,
auf dem Teich bei Nacht?

Wer hörte sie je, die dunklen Tränen,
in das Wasser geweint?

Wer sagte sie je, die finsteren Worte,
aus dem Tropfen stummen Leid?

Wer spürte sie je, die Gefangenschaft,
mit den bunten Freiheitsträumen?

Meine Liebe

Flammen züngeln die Seele empor
Münder verbrennen das Herz
Blut rinnt rot, wie Liebe verglüht
Asche trägt der Wind davon
Weht in Erinnerungen Gedanken herbei
Zieht Verzweiflung magisch an -
Trauer ist schweigsam

Leben

Wie fühlt sich Leben an?
Denkt jemand darüber nach der lebt?
Wie fühlt sich Sterben an?
Wer nie gelebt hat weiß es ...

Bei dir

Ruheloser Wachtraum
raubt mir die Träume von dir.

Seliger Schlaf
nimmt mir die Gedanken an dich.

Koma
trennt die Erinnerungen nicht.

Ich erwache,
da gehörst du der Vergangenheit an.

Dann sterbe ich,
um bei dir zu sein ...

Erschlagen

Engel weinten Tränen,
Regen kam vom Himmel;
Teufel schlugen mit Blitzen zurück,
einer davon traf mich,
weil du nicht bei mir warst auf Erden.

Grüner Staub

Bücher,
stumme Zeitzeugen -
Wälder mussten sterben
für dich.
Tote Mysterien,
Ist (Ge-)denken besser als Leben?

Töten ist kein Mord

Das Lebenslicht leuchtete hell wie nie.
Es strahlte aus deinen Augen,
brannte Löcher in mein Herz,
löschte meine Seele aus,
versenkte mir die Kleider am Leib.
Locken flammten lichterloh -
in jenem Moment war ich froh,
denn deine Liebe entzündete mich.
Zu Staub, zu Asche und zu Erde,
schwarzer Engel liegt im Grab,
schläft auf ewig nach Erlösungstat -
töten ist kein Mord.

Alles was vorbei ist

Der Teufel grinst mich an,
der Gott lächelt zurück.
Ich diene keinem.
Ich bin mein eigener Sklave.

Alles was vorbei ist,
ist wie ein neues Leben.

Die Wunden bluten aus mir,
der Schmerz auch.
Ich diene keinem.
Ich bin mein eigener Sklave.

Alles was vorbei ist,
ist wie ein neues Leben,
ist wie ein neuer Tod,
ist wie ein neuer Tag -

Alles ist vorbei!

Gedanken wie die Spiegelung

Der Weg führt in den Spiegel
Dort wartet der steinerne Engel
Mit Flügeln rein aus Glas -
Siehst du dich?

Jeder Kristall seiner Schwingen
Ist eine Träne
Aus dem Selbstbild -
Entdeckst du dich?

Der gefrorene Tau ist kaltes Wasser
Da, wo du einst hinein gefallen warst
Da, wo du einst ertrunken bist -
Erinnerst du dich?

Dein Herz stand still
Es schlug nicht in der Brust -
Hast du das gewusst?

Steh aus dem Spiegel auf!

Rot Blau Violett

Graublauer Himmel
Silberner Schein
Roter Sonnenuntergang -
Passt nicht in die Idylle herein

Liebe ist rot
Rot wie Blut
Liebe ist tot
Tot wie violette Tränenflut

Herz weint in eisiger Glut

Brief an eine Grabblume

So bleibt nur ein hysterischer Tanz ...
Lachender Reigen um ein Feuer ...
Der Funken bin ich selbst ...
Brennen soll die Hex´ ...
Ich möchte Flamme sein ...
Zu Asche zu werden ...
Doch habe ich niemals gebrannt ...
Der mich fordert zum Tanz ...
Beginnt damit sein Ende ...
Wie die Seele schreit ...
Ich nehme die Hand zurück ...
Schlage mir die Finger ab ...
Damit ich nicht greifen kann ...
Nach dir ...
Nehme dich in die Hölle nicht mit ...
Hat Schicksal es so gewollt ...
Enttäuschung stummer Worte ...
Zeilen wollen nicht reden ...
Bin ich Vernunft oder Herz ...
Lass dich frei ...
Geh nur fort ...
Flucht ...
Flut ...
Renne weg von diesem Ort ...
Sag gar nichts ...
Lauf dahin ...
Sicher bist du bloß wo ich nicht bin ...
Hab lieb gewonnen ...
Was ich verliere ...
Leben oder Sterben ...
Meinen besten Freund ...
Der Untergang war weg ...
Lüge oder Wahrheit ...

Der Totenkranz

Ich ging zu Bett
mit dem Wissen
er wäre morgen fort -
weg von,
aber nicht aus meinen Gedanken.

Ich stand auf
und er war nicht mehr bei mir,
niemals wäre er wieder da -
dort lag
sein Totenkranz.

Gekröntes Narrenzepter

Jedes Zepter der Macht: Abgelehnt
Jede Krone der Gnade: Abgelehnt
Und den Narrenstab zum Spielen ergriffen:
Der hat wenigstens einen Kopf ...

Der Halt

Ich mag in des Traumes Armen liegen,
mich in Geborgenheit wiegen
und losgelassen werden dann und wann.

Ich möchte in des Traumes Armen liegen,
über jede böse Realität siegen
und festgehalten werden dann und wann.

Jungfrau

Sanft erfüllt ist jede Berührung der wunderschönen Haut,
ersehnt wie nie, der Wunsch nach Liebe wird laut.
Doch wie ich bin werde ich keine Braut,
niemand soll mir je küssen die weiße Haut.

Transparent

Ein Schloss aus Acryl
Ein Schuh aus Glas
Durchschimmernde Haut
Meine Seele siehst du nie

Lichterloh

Die Kerze glimmt zum zweiten Mal,
trotzdem bleibt ihr Lichte fahl.
Das Feuer brennt sich durch den Wachs,
hell wie blondes Frauenhaar aus Flachs.
Es ist die Farbe meiner eigenen Mähne,
ich brenne nicht, fletsche nicht die Zähne.
Blut und Milch in rot-weiß vereint,
es ist die Verdammnis die erscheint.
Mein Blut mit Milch gepaart,
ich bin es doch, die in den Flammen verharrt.
Das Herz geht auf, lichterloh,
kleine Seele, nie mehr froh.

Zu schwach zum Widerstehen

Ich bin der Blutstropfen,
der den Durst auf der Zunge auslöst -
die Begierde, nicht nach Wasser, nie gestillt.

Ich bin die Träne,
die geweint wird vor hungerslust -
der Sehnsucht letztes Gebet.

Ich bin die Liebe,
nach der es dich fleht.

Ich bin die Rose,
die verdorrt nach Flüssigkeit schreit -
der stummen Laute Klang.

Ich bin der Kuss,
der dich berührt.
Ich bin es,
was dich führt.

Ich bin deiner Lippen rot.

Lebensjahrmarkt

Warum Achterbahn,
nicht Karussell,
warum nicht das Riesenrad?

Warum auf den Füßen gelandet,
wo jeder sich das Genick brach?

Die Vogelscheuche

Zerlumpte Vogelscheuche,
stehst auf dem Feld,
ans Kreuz geheftet,
siehst in die Welt.

Schmerzverzerrt ist dein Gesicht,
schwarze Fetzen hängen runter,
trauerst im Dunkel wie im Licht,
dein Sohn ist fortgezogen.

Der finstere Rabe kam eines Tages,
du dachtest die Nacht bringt das Böse,
das Tier riss ihn um, da lag er,
ein Kind aus Stoff und Stroh.

Der einzige Freund der zu dir stand,
blieb die Ähre im erdigen Sand.

Leben

Nimm Dunkelheit

Lass hell und klar
Gib schön und rein
Nimm Dunkelheit

Der letzte Schein der Dämmerung streichelt meine Haut,
ach könnten es doch deine Hände sein -
sie heben mich auf einen Baum,
von dort kann ich in die Ferne schauen.
Der Wind zerzaust mein Haar,
das wohlbekannte Feld war schon vor meinem Blick da.
Es liegt so weit fern gerückt,
wie sehr es meine Seele erdrückt.
Ich vergesse den Ast der Gegenwart heißt,
klammere mich, doch er reißt.
Ein Schreien im Fall bleibt ungehört,
niemanden gibt es, den mein Verlust stört.
Am Boden erreicht zersplittere ich nun,
in tausend Stücke, die nicht mehr weh tun.
So ende ich in einer Hand,
wo ich mein Paradies fand.

Zeitenlauf

Es giert nach meinem Spiegelbild,
doch so sehnt es mich des Älterwerdens -
will den Moment fest in meine Arme schlingen,
doch er entwischt -
und es ist gut ...

Wehmut quält mein Herz
und es ist schön ...

Zeitenlauf

Wird Buße leben, sich regen,
windet sich, und genährt durch Reue ersticken?

Zeitenlauf

Wird roter Wein, wie Blut,
alle Feinde ertränken und gefräßig rinnen?

Zeitenlauf

Wird Alter Leere sein -
und Leere nichts?

Zeitenlauf

Ist Jugend alles -
und alles die Vollkommenheit?

Zeitenlauf

Sag es, wenn du es weißt,
sag es einem Sterbenden, einem Verwundeten und einem Kind -
sag, was du nicht weißt!

Zeitenlauf

Wintermärchen

Klingen der Kälte graben ihre Schärfe in mein Gesicht.
Jeder Luftzug, der in meinen Körper einfährt, zieht ohne Atem weiter.
Kein Hauch ist mehr da.
In Gedanken sehe ich Bilder meines Lebens -
als Kind im Stich gelassen,
der erste Kuss erfror mich fast,
die erste Liebe legte mich auf Eis ...
Und wieder schneidet das Messer zu ...

Das Schöne war niemals da;
das Hässliche begleitet mich auch nun.
Der grinsende Lebensgeist lässt mich los,
und ich laufe in die Arme - vom Tod?
Auf einmal bin ich nicht mehr einsam,
doch das macht das Vergessen des Drinnen, innen, in mir nicht weg.
Meine Gefühle entstammen nicht dem Leib -
sie kühlen ab, der Körper aus, und werden zu Eiskristallen.

Das spöttische Lachen der Gesellschaft ist verhallt,
nur ich allein sitze lächelnd im Schnee in der dunklen Stille.
Alles ist friedlich, ruhig, rein, doch nicht kalt -
schon jetzt empfinde ich nichts, lege mich nackt hin
und lasse mich streicheln vom kühlen Wind,
der mich schneidet ohne Blut ...

Plötzlich sehen Sterne und Mond dem Liebesakt entgegen
und fallen vom Himmel, um bei mir und dem Spiel zu sein.
Mitleidig weinen Schneeflocken um mein Selbst -
nicht sie fallen, sondern ich.

Der Morgen naht und nun wird mir eine Hand gereicht.
Ich ergreife sie müde, schwach und lasse mich ziehen.
Die Zeit der Träume ist gekommen,
und als ich erwache liegt ein nackter, bleicher Körper unter mir
im eisig kalten Schnee.

Augen

Berichte weiter,
damit ich die Möglichkeit habe
aus deinen Augen blickend zu erleben.

Sieh und erzähl was mich blind vorbeigehen lässt,
blicke nicht in die Welt hinein,
blinzle nur in meine Augen,
zeig mir all die Schönheit,
die ist dort drin verborgen.

Sage alle Dinge,
die ich lernen muss,
sprich sie aus,
uns lauert der Schluss.

Gingen meine Augen auf,
gingen deine zu,
ich liege nur da,
doch du fandest die ewige Ruh´.

Auto

Wäre es nicht schön, wenn Straßen Theaterbühnen wären,
mimenhafte Schauspieler ihre Masken trügen
und jeder hartnäckig seinem Traum nacheilte,
um seinen Weg losgelassen zu finden?

Phantasie zu Gedanken gesellt,
welche ich selbst lenken kann,
werden immer meine Realität steuern.

Ernüchternd war jede Erfüllung
und glanzlos ihr danach.

Ein Auto fuhr gegen einen Baum und zerschellte.
Die Allee lag da als wäre nichts wahr.
Auch meine Träume zersplitterten wie Blech -
und unter mir die Bretter der Welt zu brechen begannen ...

Das Wegelager

Eine Sternennacht allein zu sein
ist ein Streifzug durch eine Kulisse
voll von lebhaften Bildern mit übersprudelndem Witz
und Freude der übermütigsten Art.

Siehst du die hügeligen Felder
auf denen einst vielleicht Spielleute ihre Lager hatten?
Unbeschwertes Lachen von Kindern erklang -
und ihren einstigen alten Ursprüngen,
den Weg zurück,
für einen Momenten in deinem Kopf verdanken

Ich ziehe umher
in dunkler Zeit,
weil meine Vorfahren am Wegesrand begraben liegen -
wandere weit, so weit es geht
so weit, so weit auch jeder Weg.

Bayreuth

Als mich die tiefe Nacht erfror
Sternenhagel dem Himmel empor
Unter Kreuz bei Vollmond schien
Schlucht umgeben
Schuld vergeben
Träume gestorben
Nicht wieder geboren
Herz zerbrochen in kaputten Teilen
Werden nicht so bald heilen
Hundertschaften Schmerz marschierten
Machten Rast in mir - hielten
Als mich der warme Morgen küsste
Ich ein neues Leben begrüßte

Soldatenleben

Vielleicht ist die Sonne morgen rot
Vielleicht sind wir am Leben
Vielleicht auch schon tot

Kann sein die Sonne mittags scheint
Kann sein unser Land ist verbrannt
Kann sein, dass jemand um uns weint

Möglich, dass es abends keine Sonne mehr gibt
Möglich durch den Krieg
Möglich, dass wir haben gesiegt.

Vielleicht ist der Mond nachts grau
Vielleicht sind wir es ja
Vielleicht jammert daheim um uns eine Frau

Kann sein die Sonne nie mehr zu sehen
Kann sein ohne Arme und Beine
Kann sein nie mehr zu gehen

Menschen gibt es ein lang nicht mehr
Gefallen, tot, ein ganzes Heer
und alles in und um uns leer

Nicht sterben sollst du - nicht leben

Vorm Altar die Hand gereicht.
Im Schein nicht der Kerze, sondern zum Schein.

Kein Gefühl, nur meine Lust zu dir, kontrolliert jede Macht in uns.
Mit toten Augen liegst du neben mir und ich liege in deinem Arm.
Doch nicht dein Blick, sondern deine Kälte lassen mich frieren
anstatt zu wärmen.
Das Begehr nach deiner Haut wird zur suchtvollen Qual
und lässt meine dir gereichte Hand erzittern - erschrecke nicht.
Ziervoll, hart und doch sanft - ziervoll, hart und doch sanft.

All Millimeter arbeiten sich meine Finger weiter zu dir.
So lang wartete ich auf deinen Körper.
Bis ich nun dahin sinke in dem Traum der Realität heißt.

So sehe ich die Welt nicht mehr.
Es passiert nichts - nicht mehr als ein Lektat das niedergeschrieben ist,
das Gesetz der Bestimmung - also nichts.
Deine feuchte kalte Zunge, von Speichel befleckte Stellen
und eine Knospe die eben erblühte - nun verblüht - nun stirbt.
Nur das Laster Gier ist der Auszug des Erfolgs,
alles weitere wird zum Verlust.

Wenn du mich loslässt,
ist der Zerfall bereits da, der Ruin um uns.
Kein weiteres Mal, nie mehr.
Die Zeit mich dem meinen zurückzugeben war da und nahm mich mit ...

Fäden ziehen

Eine Angst die Marionette vom Wort "Liebe" zu werden,
einem Spieler die Fäden vom Sein zu geben,
die Furcht,
die Angst der Liebe die Fäden zu geben,
wo jeder weiß,
zusammen zu brechen,
wenn diese fallen -
Puppe sein.

Wonach?

Verblasster Gefahr trotz Aufprall rund ist da.
Erwachter Traum trotz Schlaf wach geschah.
Aufgepasst und nichts bemerkt.
Antworten gegeben und nicht gefragt.
Leben geboren - Leben gestorben
Leben nicht geträumt und Träume nicht gelebt.
Wonach?
Wonach eine ganze Zeit gestrebt?
Wonach?
Wonach, wenn doch,
doch nie gelebt.

Wie das ist

Leidende Leiden mit erleiden, um mit zu erleiden, wie das ist.
Schmerzende Schmerzen anderer fühlen, um mitzufühlen, wie das ist.
Träumende Träume mit zu träumen, um mit zu träumen, wie das ist.
Glück anderer miterleben, um nicht mitzuerleben, wie das ist.

Einsamer Weg

Einsamkeit, du schöne Gabe,
bist das herrliche Geschenk,
dass mich allein begleitet,
auf meinem Weg zum Grabe.

Krabbelst, gingst und hinkst neben mir,
durchliefst so viele Schuhgrößen.
Wenige Schritte bleiben nun,
auf meinem Weg neben dir.

Mutter, Vater, Freunde kamen,
gingen mit der Zeit davon.
Stehen geblieben im Eilmarschslauf,
Einsamkeit war alles, was sie nicht mitnahmen.

Einsamkeit, du schöne Gabe,
auf meinem Weg.

Mit allen Sinnen

Ich sehe
unseren Sohn, dessen Vater vor der Erzeugung seines Lebens starb.

Ich höre
unsere Worte, die keiner von uns sprach.

Ich fühle
unsere Liebe, auch sie blieb unbenannt.

Ich rieche
Jasmin, Nelken, Lilien und Chrysanthemen.

Ich schmecke
unsern Tod.

Mit allen Sinnen -
du stirbst, dann sterbe ich auch.

Mit allen Sinnen.

Zeit

Freunde

Unter einer Laterne
stehe ich auf einsamen Platz.
Die Freunde haben sich verabschiedet,
jeder ging einen anderen Weg.
Fortgegangen in jede Richtung,
nur ich stehe unbewegt allein.
Die Laterne geht aus.
Und ein neues Licht geht an.

Romeo

Voll von bittersüßer Lyrik,
ist es das zarte Gesicht,
morbide, rundlich, literarisch gezeichnet sind die Züge,
gar nicht hart,
so sanft und zart, eindringlich und rein,
voll von tiefer Bedeutung.

Auf Papier und in den Worten,
möchte lesen, von ihm hören.
Er mein schöner Romeo,
doch ist es nicht sein wahrer Name.

Wenn nur nicht die Gier lüstern in der Fassade steckte,
wie unschuldig wäre er dann?
Voll von bittersüßer Lyrik in tiefer Bedeutung.

Sonne, Mond und Sterne

Sonne und Mond tanzen nicht
Die Sterne scheinen bewegungslos
Nur die Erde dreht sich
Meine Welt bist du
Ich finde keine Ruhe mehr

Es ist so irdisch zu lieben
Es ist so höllisch verschmäht zu werden
Es muss so himmlisch sein, wenn ...

...wenn der Mond in der Sonne versinkt

Lebensspielzeug

Traurige Augen schauen in die Welt,
ist es der Blick eines erwachsenen Kindes, der alle fesselt und hält?

So sieht er mich an, der Kopf mit flachsblondem Zottelhaar.
Ist er wirklich hier, war er jemals da?

Die Wangen sind gerouget, das Gesicht angemalt.
Ist schwarz-weiß das, was strahlt?

Jede Kette würde brechen für ein Lächeln der violettroten Lippen.
Ist es doch nie um seinen Mund, dass pure Entzücken?

Die Theaterkleider sind abgetragen und zerlumpt an ihm.
Ist die Zeit zu lang wo er sie trägt, ablegen eine Ziem?

Eine Maske setzte er nie auf, ohne wirkte er komischer.
Ist ein Purzelbaum ein Lachen wert, ist mimiklos komischer?

Er ist niemals eine Marionette gewesen, eine gelenkte Puppe an Fäden,
ist nicht gesessen auf Regalen in Läden.

Er ist gemacht um mich zu begleiten -
ist er auch für andere eine alte Lumpenpuppe,
ist er doch mein Lebensspielzeug!

Vergeben

Ich kann mir nicht verzeihen,
mein Herz brach mir nicht.
Ich kann es nicht vergeben,
es ist ein zerbrochenes Geschenk.

Tut es mir leid,
meine ich es närrisch.
Entschuldigst du mich,
ist es mir nicht ernst.

Ich kann mir nicht verzeihen,
mein Herz, es zerbrach mir nicht.
Ich kann es mir nicht vergeben,
doch ich liebe dich nicht.

Die Pest

Theriakskrämer, wo bist du auf deinem Weg über Landpfade?
Ich glaub, ich trage die Pest in mir, in meinem kleinen Herzen.

Du kannst nicht sehen, nicht spüren - merkst du wie mich Gefühle quälen?
Blind, dunkel und leer tobt ein Krieg in mir, ohne jede Waffe.

Der, den ich liebte, der kommt nicht zurück, hat mich verlassen.
Hörst du den Schrei, als sie den Holzkasten davon trugen?

Meine Gedanken sind wirr und krank durchsetzt.
Bekam ich so die schwarze Seuche?

Theriakskrämer aus alten Zeiten, hol mich aus dem Jetzt zu dir.
Dein Kraut, es lebt doch weiter in deinem Tod?

Theriakskrämer aus alter Zeit, hol mich aus dem Jetzt -
Ich bin bereit!

Steintor

Rostiges, staubiges Eisengestrüpp: Szenario zerstreuter Haufen,
Kammer, finster und halsbrecherisch -
der Weg in den Keller ist zum Raufen.

Bräche ich mir auf steiler Treppe das Genick,
sparte ich dem Henker großes Geschick.

Raum, der einem Verlies gleicht,
keine Frauenstimme kreischt.

Der Hungerturm hat Durst gebracht,
beim Wunsch nach Bier und Wein der Wärter lacht.

Peinliche Befragung, Folter, Tortur,
erlösen wird mich nur die Schnur.

Der Schrei eines Weibes hat mich geweckt.
Ruhe - sie ist verreckt.

Schabenvieh und Rattengetier sind meine Freunde hier.
Sie sind die einzigen, die noch wollen in der Bevölkerung reden mit mir.

Der Tag der Exekution ist gekommen heute,
es tut mir nicht leid Leute.

Ich bin unschuldig!

Hier ist die Zeit

Hier ist die Zeit.

Abgeschirmt von Regen,
das Sonnenlicht ist eine Neonlampe.
Die Nacht bleibt dunkel,
in einem weißen Wandfurunkel.

Schreie sind ungehört,
vielleicht sind sie auch unerhört.

Verlassene Seelen im Raum,
eingesperrt in einen Saal.
Die Zimmer bleiben zu,
isoliert behält jeder die verlorene Ruh´.

Weinen ist unerwünscht.
Tränen von anderen sind ungewünscht.

Was ist die Zeit,
um verrückt zu werden?
Hier ist die Zeit,
um es herauszufinden.

Ich suche den Ausgang!

Unwissend

Ich weiß nicht was ich bin -
Ich weiß nicht wer ich bin -
Ich weiß nicht was ich will -
Und wohin

Unzertrennlich

Warum ich dich sehe im seltenen Licht -
ich weiß es nicht.

Das Leben scheint dunkel geworden zu sein um mich -
schön schwarz, im Glanz sehe ich nur dich.

Die Jahre sind ins Land gezogen -
vielen wuchsen Flügel, dass rosarote war verflogen.

Meine Liebe war nie dein -
wollte ich doch frei sein und rein.

Jetzt sind die Tage davon gegangen -
nun fange ich an zu bangen.

Ein Blick ist unerträglich geworden -
sind wir doch zusammen gestorben und gemeinsam durch ein Leben gegangen?

Im Zimmer der Zeit

Es ist ein Duft, der durch den Raum weht.
Im Wind ein Klang im Zimmer.
Im Spiel tanzt alles still.
Es ist ruhig wie der Sturm in sich.

Der sanfte Geruch, der durch die Tür zart vergeht.
Er lässt mich allein sitzen.
Einsam klingt die verlassene Melodie.
Der Leere ist die Zeit entkommen.

Universum

Wie der Sonnen unentsicherte Macht,
so wie der Mondes Pracht,
so der Sternenschein hinzu erdacht -
so glühen, scheinen, strahlen will mein Herz,
doch der Schmerz,
er lässt es nicht hindurch.

Schreien, toben, wüten könnt mein Geist,
doch das dringt nicht zurück und verwaist -
in einer kleinen Ecke im Schacht.

Morgenröte, Mittagshitze, Abendlicht,
ich bin der Tage nicht,
bin nur und schlicht -
dessen Kind.

Und unerschütterlich steht das Universum da,
in allen Farben fließt sein Blut,
wie geht es mir gut,
in deinen Armen ruht -
mein Körper.

Mitternachtstraum

Ich träumte von dir in der Stille der Nacht,
sie hat mir mein Glück gebracht.

Ich weiß, dass wir uns trennen werden,
ein Moment der Zeit, der Begehren.

Ich blicke in deine Augen und vergesse,
dass ich von all dem nicht mehr bin als ein Interesse.

Ich drehe mich um und wieder zurück,
du bist fort, von dir bleibt mir kein Stück.

Ich weine eine Träne nur,
sie rinnt runter auf weiter Flur.

Ich stehe einen Augenblick da, dann gehe ich,
aber denken werde ich immer an dich.

Nichtbegegnungen

Nichtbegegnungen als Exile aus Immigrationen,
nie gekannte, doch seelenverwandte Kategoren.

Passen sich nicht in Schubladendenken ein,
Menschen, deren Denken ist nicht einfach nur Sein.

Gegenüber als Skulptur und Werk des Fleisch und Blutes,
standen sie mir einst und es hat so viel gutes.

Illusionen und Träume sind keine verdorsteten Bäume im Wald,
sondern strahlend schön in purer, unverdorbener Gestalt.

Zinnsoldaten und Spieluhrenhierarchie,
sie spiegeln die Kinderseele in mir.

Es sind nur die Gedanken die mir bleiben,
es sind nur die Gedanken die mich treiben.

Ein Geschöpf, dass ich sehr schätze,
so einiges in der Welt, was dies verhetze.

Erlebte Nichtbegegnungen nicht als Exile aus Immigrationen,
sondern als Glück der Verzückung aus Investitionen.

Traum

Etwas besseres als Liebe

Masken fallen
von meinem Gesicht;
Finger krallen
in meine Haut;
Stimmen hallen
zu meinem Ohr -
Worte verschallen.

Etwas besseres als Liebe

Tränen rollen
aus meinen Augen;
Lippen begonnen
zu einem Kuss;
Nase besonnen
in meiner Lust -
Zuneigung nie bekommen.

Abgrund

Ich blicke in den Abgrund
und sehe meine Seele,
lasse mich tief fallen,
um sie zu retten -
vergebens -
ich falle ohne Halt.

Wenn du,
ein mich rettender Ast,
doch nur ein Grashalm,
mich auffangen würdest,
mich halten würdest,
mich halten könntest,
keine Bö, kein Wind, kein Sturm uns trennte,
dann hätte mein sich nach Liebe verzehrendes Herz
den Hunger gestillt bekommen,
und die Kost der Sehnsucht mich gewonnen.

Wer

Wer mich liebt leckt meine Wunden
Wer mich hasst spuckt in sie rein

Wer mich liebt küsst meine Lippen
Wer mich hasst beißt hinein

Wer mich will teilt meinen Schmerz
Wer mich will entreißt mir mein Herz

Kann die Nähe nicht ertragen

Der Halt

Wenn ich die Umarmung unserer Körper löse
verliere ich dich.
Und meine Seele reitet in dir,
auf einen Pferd,
in das Ungewisse -
in den Tod.

Wenn ich die Umarmung unserer Körper löse
verliere ich mich.
Und mein Geist schwimmt in dir
auf einem trocknen See,
in das Nichts -
in den Tod.

Wenn ich die Umarmung unserer Körper löse
verlieren wir uns.
Und unser Selbst wird getrennt -
bin gefangen in einem Körper ohne sichtbare Gefühle,
bist gefangen in einem Gefühl ohne sichtbaren Körper.

Blau

Egal wo immer ich hinfahre,
dort ist ein Himmel.

Blau die Hoffnung?

Egal was immer ich erblicke,
dort ist ein Himmel.

Blau meine Augen?

Egal wo überall der Himmel ist,
dort ist mein ich bei dir.

Immer wo
Immer was
Immer wann

Blau

Bei Nacht

Wer liebt dich, du Kind der Dunkelheit bei Nacht,
schimmert der Mond lieblich durch Nebellüfte vollbracht.
Leise und zart durchziehen deine Düfte,
weiße, karge Haut und schwarze Klüfte.

Dein Leib, er riecht so gut,
es ist als ob Wehmut in mir ruht.
Beim Duft deines Leben,
Sterne zu dir streben.

Vereint, getrennt, auf ewig beisammen,
geküsst, geliebt, die Zeit vergangen.
Gestellt an den Pranger und gehangen,
trotzdem kein Ende des ewigen Verlangen.

Wollen, nicht dürfen -
ein Zwischenraum?
Unsere Liebe treibt wie eine Welle aus Schaum,
in Gefilden aus unserem Traum.

Stakkato

Lautlos schlug das Stakkato meiner Schuhe auf das Straßenpflaster -
nur ich hörte den Klang der meine Unruhe schürte.
Ich lief gen Lichter der Stadt, durch die bezaubernde Schwärze der Menschheit.
Scheu und ängstlich wie ein Reh.
Fasziniert und stark wie ein Löwe.
Und frei, so frei, wie ein Vogel nur träumte,
und träume dabei
und denke an dich.
Und laufe weiter -
mit dem leiser werdenden Stakkato gen Lichter der Stadt.

Der Text

In Zeiten der Schmierzettelhierarchie,
wo nicht einmal die Romantik von Tinte
das Blatt berührt oder gar befleckt ...
Wo Gefühle angegriffen werden
wie ein Tier mit Wunden ...
Wo Mut zu Empfindungen und Verletzbarkeit
der Ritterära angehören -
und Menschen abgestumpft sind
wie gefällte Bäume ...
Wo es schön ist Liebe zu bewahren -
und sei es in einer Truhe oder einem Text weit unten.
Dort, wo es gelingt sie hervorzukramen,
da, wenn auch verstaubt, so doch existent.

Betrogen

In mir verborgen ein untergegangener Schatz,
verbrannt in geheimen Wogen,
welche wir uns erlogen.

Die Gewissheit ergriff mich,
weggespült und zerrissen von den Klippen,
geflohen war der Geschmack deiner Lippen.

Gefangen von Luft,
gehalten von Erde,
der Rest deiner Liebe,
verwehte Aschenherde.

Ich bin geblendet vom Licht,
und sehe die Kraft des Feuers,
begehrt von den Wellen,
die es zum Erlöschen hellen.

Du betrügst mich
und ich hasse dich.

Zahlenliebe

Ich werde zweimal hundert Jahre an dich denken,
im dreihundertsten werden wir uns sehen.
Wirst du mich im vierhundertsten küssen,
gebe ich mich dir für fünfhundert Male hin.
Das sechshundertste Jahr werde ich dein,
doch zerbricht mein Selbst in siebenhundert Schmerzen.
Und achthundert Gefühle schwirren frei, wie Motten um das Licht -
doch so liebe ich dich neunhundert mal tausend Jahre weiter.

Anrufung

Lieber Vater,
bist doch mein Vater,
bin ich dein Sohn.

Liebe Mutter,
bist doch meine Mutter,
bin ich deine Tochter.

Liebe Eltern,
seid doch meine Eltern,
bin ich euer Kind.

Lieber Großvater,
bist doch mein Großvater,
bin ich dein Enkel.

Liebe Großmutter,
bist doch meine Großmutter,
bin ich deine Enkelin.

Liebe Großeltern,
seid doch meine Großeltern,
bin ich euer Nachkomme -
oder nicht?

Die ewige Nacht

Auch Efeu ist bei Nacht nur schwarz.
Das Ungeziefer der Dunkelheit frisst sein grün geifernd während der Dämmerung.
Nur sein Schatten stirbt,
der Umriss lebt bis zum nächsten Morgen.

Kuppen meiner Finger schmiegen sich kaum berührend an die Pflanze.
Ich möchte ihre Träume kennen,
doch blinde Gedanken sind zu schwach zum Sehen.

An und für sich sind Pflanzen nicht schemenhaft,
denke an mich.

Die Motorik verhaltener Akte eines Spiels,
sinnlich und voller Gier.
Alles Blut zieht sich fein durch die beblätterten Adern,
deiner gehört der Leben schenkende Sauerstoff eines sterbenden Wassers.
Und jede meiner Tränen zieht weiter, schwimmt davon,
in der von Berührung zu Berührung sich nährenden Nacht.
Botanik und Humanität begehren gemeinsam ein Ufer.
Tief wie die Wurzeln der Seerosen halten wir uns fest an einem Traum.

An und für sich,
denke an mich.
Jedem Anfang steht das Ende schon bevor.

Geboren

Gehüllt wie in einen Schleier
der Bauch sich wölbt.
Ein Kind der Traurigkeit im Innern weint:
„Hier bin ich",
werde ich schreien,
„Mutter schneide mich raus,
um mich dem Leben zu weihen!"

Rosen

Es fing mit rosa Rosen an
Und endete mit weißen.
Dazwischen lagen rote dann,
die uns aneinander schweißten.

Ich liebe dich mein Rosenstrauch,
du bist wie ein Vergangenheitshauch.

Weiße Haut und rote Lippen
weckten in mir pures Entzücken.
Tot unter Rosen liegst du da,
die uns aneinander schweißten.

Ich liebe dich mein Rosenstrauch,
du bist wie ein Vergangenheitshauch.

Das Leben trennte mich nie von dir,
auch Tod, der wird es nicht schaffen.
Weinend knie ich auf Rosen,
die uns aneinander schweißten.

Ich liebe dich mein Rosenstrauch,
du bist wie ein Vergangenheitshauch.

Nicht nur liebe ich den Rosenstrauch,
der ist wie ein Vergangenheitshauch,

so liebe ich auch dich!

Trauer

Kehle schnüre dich zu,
Herz lass die Stiche schmerzen,
Bauch die Schmetterlinge töten.

Augen, die Tränen über Wangen fließen,
Haut in Frost und kalt erstarren,
Hände, Finger zittern nur.

Ohren die nichts hören wollen,
Lippen, die schweigen,
Brust spürt keinen Schlag mehr,
Blut pulsiert in Adern nicht.

Versteinert fühlt man Kummer nicht,
versteinert möchte ich sein -
um all dem zu entgehen ...

Maske

Findelkind

Wer fischt die Puppe aus dem Wasser?
Kopfunter ...
Weggespülte Tränen ...
Hat sie ein Gesicht?
Wer lauscht dem Wellengang?
Versteht, begreift, was vor sich geht?
Totgeherzt und ungeliebt, unbeliebt ...
Und weggeworfen.
Bittersüß erhofft das Glück,
Ungeträumte Freuden erwünscht.
Niemand holt das Kind aus dem Nass!
Ungeborenes Leid schreit -
stumm.

Nie wieder zurück

Die Gedanken flohen
Ließen die Träume zurück
In einem verworrenen Labyrinth

Sie nahmen sie nicht mit
Um nicht weiter denken zu müssen
Von unerfüllt geträumten Leben

Die Waisen verirrten sich
Sie suchten und fanden nicht
Kehrten nicht wieder

Nie wieder zurück

Der leere Gang

Der Gang ist leer.
Trostlos erstreckt sich der Flur.
Ein grauer Korridor liegt vor mir.
Hinter mich lasse ich schwarze Katakomben.
Vom Fackelschein ins Neonlicht getreten.
Zuerst betörte das Gesicht durch Helle.
Transzendiert ist es zu erbarmungslosem Blass.
Schön ist etwas anderes als die dunklen Schatten darin.
Auch wenn sie lediglich die Finsternis in mir spiegeln.
Kalt und aschfahl - wie der leere Gang vor mir ...

Einsamkeit spricht nicht

Blinder Zeugen stumme Aussagen
Ohne Augen lautlos schreit
Blickt mit einer Sicht ohne Ton
Leckt eine Träne aus dem Gesicht
Einsamkeit spricht nicht

Alterung

Leiser Hauch den Atem streift
Luft wildert umher mit angeschwollener Brust
Ein Sturm zieht auf, begleitet sie
Einsam geht die Zeit dahin
Bleibt nicht stehen, um sich umzudrehen
Ein Spiegelbild zerbricht im Wind
Es ist mein Gesicht gewesen

Wie ein Baum verpflanzt

Mädchenhafte Augen blicken

Sehen in den Wald
Schauen eine Füchsin an
Die sie einst gar selbst war

Aus dem Gesicht einer alten Frau

Verpflanzt
Gekrümmt
Tanzen die letzten Blätter im Wind

Dolch's Regen

War der Regenguss früher anders als heute?

Tränen treiben ihn rein
Trauer runter
und Sehnsucht nicht mehr raus.

Wie der Dolch in meinem Herzen:

Liebe stach ihn rein
Hass runter
und Sehnsucht nicht mehr raus.

Warum hat Regen nur die Kraft das Blut von mir zu waschen,
dass unsere Hoffnung war?

Masken in der Zeit

Im Zenit des Schmerzes
Zerbrach das Herz
Wie die Liebe aus Spiegelglas

Ein Splitter ging tief unter die Haut
Drang und schnitt in die Seele ein
Trieb ein Bild in sie

Der edle Mensch erblickte sein Inneres
Ein leeres Fundament aus Tränen
Roter Regen floss aus ihm

Kein Held zog die Scherbe aus dem Leib
An ihrem Antlitz sterben wir
Masken in der Zeit, der Ewigkeit

Tränen nach Liebe

Versetzt in die Vergangenheit
Das Kind weint und lächelt im Schmerz
Ausgelacht durch seine Hässlichkeit
Es lernte niemals Schönheit kennen

Mit weggerissener Maske starb die Liebe
Aus Dummheit ließ es die Zukunft frei
Gefangen in der Sehnsucht
Gekettet an das eigne Leid

Es kam nicht der Tag, kein Erwachen
Der Morgen, der das Glück verheißt
Im Schatten ist kein Platz für Licht
Und auf der Welt kein Platz für mich

Vergangenheit wird Gegenwart
Die Tränen des Kindes rinnen aus Erwachsenenaugen

Erloschen

Oh still die Tränen kleines Herz,
reiß die Seele heraus -
was brauch ich beide?
In meiner stillen Einsamkeit.

Brennen die Tränen,
fängt der Schmerz Feuer,
erlischt das Glück.

Augenstern im Feuer der Erde

Der andere nach mir
ist der Stern,
aus meinen Augen gestohlen.

Der Planet,
der ausgelöscht wurde,
um in meinen Augen zu brennen.

Das Feuer
meines Blickes,
dass Herzen schmelzen lässt.

Es ist erloschen,
erkaltete Asche -
als mein Augenstern von mir ging.

Kehren

Oh wer ahnte, dass die Augen des Abends
aus einem rußgeschwärzten Gesicht blickten?
Oh wer dachte, dass sie geschminkt wären?
Oh wer glaubte, dass es meine sind,
welche die Dunkelheit sehen?

Die Tränen wuschen den Dreck nicht rein,
so klar war die Finsternis -
mein Herz sollte es nie wieder sein.

Ruß staubte von meiner Haut,
das Schwarz, es blieb mir treu!
Oh wer wollte, dass sich meine Seele nach außen kehrt?

Tau im Spinnennetz

Tau im Spinnennetz -
der geistlose Totenschädel wacht,
gleich ihm sind die Tränen vergangen,
welche nun benetzen den Abend -

Untergang

Sinneszweifel

Verzweiflung ergibt keinen Sinn
Hoffnung schwimmt in jedem Splittermeer
Tränen schmelzen es nicht in der Kälte
Es gefriert jeder Sinn in der Verzweiflung

Splittermeer

Stütze und schütze.
Schweige dann und wann.
Rede, wenn andere es am wenigsten hören wollen.
Und breche mit Worten unsichtbare Mauern ein.
Grenze aus, was dich einzäunt.
Die Wahrheit liegt im Spiegelbild.
Blicke in die Augen die dich ansehen.

Kannst du das?
Splittermeer!

Der große Briefeschreiber

Es bricht,
das letzte Werk
eines großen Briefeschreibers.

Die Tinte trocknet,
Tränen nicht,
Papier bleibt leer -
es bricht.

Es brechen Worte
nur so heraus -
warum endet Leben,
warum ist es aus?

Es brach der große Briefeschreiber.

Virtuoses Wort

Die Seele verhökert im Sinne der Virtuosität
Widmet ihr die Stimme im Tod
Die zartesten Hände der Welt liebkosen den Traum
Bestand im Leben hat die Ewigkeit
Sie trägt den Geist in Klängen davon
Der Körper stirbt in Worten

Der Schauspieler

Steh auf zu neuem Leben
Sterbe den alten Tod
Er wartet jeden Tag
Und jeden Tag wartet ein Wort

Aus Worten sind Texte geboren
Lieder in die Welt gekommen
Melodien wurden gesungen
Und jeden Tag sind sie verklungen

Zu neuem Leben stand er auf
Er starb den alten Tod
Sein Wort war gebrochen, verhallt
Und sein letzter Ton auf der Bühne schallt

Worte tönen sich in den Farben
von dem, bei dem die Gedanken sind.
Leere Seiten stellen keine Fragen,
obwohl auf ihnen die Zukunft beginnt.